밤에 검은 옷을 입고
아스팔트 길에 누워있지 마라

밤에
검은 옷을 입고
아스팔트 **길**에
누워있지 마라

이재숙

세종출판사

| 차례 |

애야

네가 곧 서울로 간다고 하니 엄마 마음이 벌써 허전하다. 예전에 "부산이 좋아, 부산에서 살겠다."고 네가 말했을 때, '자식 셋 중에 하나는 곁에 있겠구나.' 하는 생각에 마음이 즐거웠었다. 이제 너마저 타지로 떠난다니, 외할머니가 "자식 넷이라도 여기저기 흩어놓으니 많지도 않더라."고 한 말이 무슨 의미인지 알 것 같다.

문득 네가 고등학교 2학년이었을 때, 너의 담임 선생님과 나누었던 대화가 생각난다. 네가 학교생활은 잘하고 있는데 집에서는 어떠냐고 선생님이 내게 물었다. 나는 "완벽한 아들이에요." 하고 대답했다. 선생님은 눈을 동그랗게 뜨며 "교사 생활 몇 십 년 동안에 아들이 완벽하다고 말하는 엄마는 처음 봤다."고 했다. 나는 웃으면서 대답했지. "바라는 것이 없으니 완벽해지더라고요."라고.

네가 태어난 날을 이야기하는 것은 항상 즐겁다. 네가 배 속에 있을 때, 담당 의사는 넌지시 네가 딸이라고 말해주었다. 그런데 아기를 낳고 보니 아들이었다. 두 딸을 키우는 기쁨도 컸는데, 아들도 키울 수 있어서 얼마나 기뻤는지 모른다. 신께 깊은 감사를 드렸다.

아기 때 너는 잘 먹고 잘 잤다. 조리원에서 다른 신생아가 자주 울어 대는 데도, 너는 시끄럽거나 말거나 종일 잠만 잤다. 이리저리 흔들어도 잠에 취해 있었고, 젖을 먹으면서도 잤다. 너를 보러 온 방문객 중 네가 눈뜨고 있는 것을 본 사람이 없을 정도였다. 너는 잘 울지도 않았다. 그런데 한 번 울면 어찌나 울음소리가 크던지 간호사들이 깜짝 놀랄 정도였지. 아기일 때나 지금이나 잘 먹고 잘 자고 마음이 건강하면 자식 된 도리는 다한 것이라고 생각한다. 그 나머지는 옵션이지. 엄마는 옵션을 별로 바라지 않으니, 앞으로도 지금도 너는 완벽한 자식이다.

네가 여섯 살 때였던가, 유아체능단 공개수업이 있었지. 공개수업 중 첫 시간은 별자리에 관한 수업이었다. 선생님은 아이들에게 자기가 태어난 별자리에 대해 알아 오라고 숙제를 내주었다고 했다. 선생님은 아이들에게 자기 별자리에 손을 들어 보라며 별자리를 불러 주었지. 순간 나는 걱정되었다. 네가 별자리를 엄마에게 물어본 적이 없으니, 숙제를 안 했을 거로 생각했기 때문이다.

네가 얼마나 당황하고 있을까 싶어 마음 졸이고 있는데, 네가 어느 별자리에서 손을 번쩍 들더구나. 아무것에나 손을 들었나 싶었다. 나중에 물어보니 전날 저녁에 누나한테 물어봤다고 했다. 누나가 네 별자리가 무언지 알려주고, 별자리에 얽힌 이야기도 해주었다고. 너를 순간적으로 의심해서 미안했고, 스스로 숙제를 잘해서 대견했고, 누나와 즐겁게 공부해서 고마웠다.

둘째 시간은 미술 시간이었다. 수업에 필요한 준비물이 있었다. 나는 가위, 칼, 자는 잘 챙겼는데, 가장 중요한 고무찰흙을 깜빡 잊고 준비하지 못했다. 다른 엄마와 아이는 선생님이 나누어 준 우주선 그림을 고무찰흙으로 꾸미기 시작했는데, 너와 나는 눈만 멀뚱히 뜨고 그들을 쳐다만 보았다. 나는 당황했고, 난감했고, 너를 볼 면목이 없었다.

내가 말했다. “어쩌니. 엄마가 고무찰흙을 깜빡 잊었네. 미안해.” 그러자 네가 그러더구나. “내 탓이네. 엄마가 잊지 않도록 미리 얘기를 해야 했는데 내가 깜빡했네. 내 잘못이야, 엄마.”

조용하고 느긋하게 이야기하는 네 모습에 내가 얼마나 충격을 받았는지 넌 모르지? 나보다 네가 더 어른 같았다. 나는 부끄러움을 무릅쓰고 근처에 있는 사람에게 고무찰흙을 나누어 달라고 부탁했다. 다른 엄마와 아이는 잘 안 쓰는 희미한 색깔의 고무찰흙만 조금씩 나누어 주었다.

비슷한 색의 고무찰흙으로 무얼 만드는 것이 불가능해 보였다. 고민 끝에 우리는 고무찰흙을 가늘게 잘라서 새끼처럼 꼬았다. 고무찰흙이 롤리팝 사탕같이 독특한 색과 모양이 되었다. 그것으로 로켓을 꾸미고 배경을 만들었지. 그리고 손톱만큼의 까만색과 빨간색을 얻어 포인트를 주었다. 다른 엄마와 아이가 우리의 로켓을 보고 예쁘다고 했다. 엄마가 봐도 우리의 로켓이 가장 독특하고 멋졌다. 남이 무엇을 어떻게 만들든 상관하지 않고, 부족한 재료에 대해서도 투덜대지 않고,

고무찰흙을 준비하지 못한 엄마를 탓하지도 않으며, 즐겁게 미술 시간을 보낸 네 모습은 지금도 잊혀지지 않는다.

이런 일도 생각난다. 초등학교 3학년 때 여름쯤이던가. 네가 매일 늦게 집에 왔다. 왜 늦었느냐고 물으니, 학교 운동장에서 놀았다고 했다. 누구랑 놀았느냐고 다시 물으니 혼자 놀았단다. 나는 네 말이 이해되지 않아 걱정되었다. 친구에게 따돌림을 당한 것은 아닌지, 늦게까지 나쁜 친구의 꼬임에 빠진 것은 아닌지. 좀 더 지켜보기로 했지.

어느 날 네 손을 잡았는데 굳은살이 있었다. 발등에도 굳은살이 생겼다. 어떻게 어린아이 손에 더구나 발등에 굳은살이 박일 수 있지? 알고 보니 네 친구가 철봉을 잘 오르고, 방문틀도 발로 지탱하며 오르기를 잘했는데, 너는 그 친구가 무척 부러웠단다. 그래서 매일 운동장에 남아서 철봉을 타고 올라가는 연습을 했고, 손바닥과 철봉을 감쌌던 발등에 굳은살이 생겼던 거였다. 운동장에서 혼자 놀았다는 네 말은 사실이었다. 바라는 것을 이룰 때까지 혼자 묵묵히 연습하는 모습이 엄마는 왜 그렇게 멋져 보였던지.

말썽도 많았지. 엄마가 학교에 불려 간 것이 몇 번이나 있었다. 네가 교실에서 공부는 안 하고, 휴지를 물에 적셔서 천

장에 던져 붙이는 놀이를 했다. 결국 다른 아이에게 피해를 준다며 야간자율학습에서 쫓겨났지. 비비탄총으로 장난하다 압수당한 거 하며, 애들 의자에 풀칠해서 골탕 먹이던 일 등. 엄마가 학교에 가서 사과문 쓰고 왔던 적이 여러 번 있었다. 선생님께 죄송하다고 고개 숙여 사과하고 각서도 썼지만, 엄마는 괜찮았다. 애들은 그러면서 크는 거니까.

할 것을 하는 것도 중요하지만, 하지 말아야 할 것을 하지 않는 것은 더 중요하다. "엄마가 하지 말라고 한 것은 멈추고 그다음부터는 안 했어요." 성인이 되어 네가 그 말을 했을 때, 내 아들은 점점 더 훌륭해지겠구나 싶어 마음이 놓였다.

고등학교 3학년 때, 너는 대학을 가지 않겠다고 말했다. 좋을 대로 하라고 했더니 너는 아르바이트를 시작하더구나. 학교성적이 3, 4등급이던 네가 그 뒤로 9등급의 성적을 받아왔다. 9등급 받은 아이를 본 적이 없어서 아, 9등급 받는 아이는 이렇게 생겼구나, 9등급 받는 아이의 엄마는 이렇게 생겼구나 하며 웃었지. 지난 성적이 아깝다며 대학 입학원서를 쓰자고 담임 선생님이 제안하는 바람에 어찌 대학은 들어갔는데, 너는 공부에 별 흥미를 느끼지 못했다.

나는 4년제 대학 졸업장은 운전면허증같이 쓸모가 많으니 취득해 놓으라고, 너에게 바라는 유일한 소망이니 새겨들으라고 말했다. 하지만 너는 대학 공부가 재미없다면서 1년 만에 대학교를 그만두었다. 사회에 나가면 '4년제 대졸'이라는 글자가 허들처럼 네 앞에 펼쳐질 것을 생각하니 안타까운 마음이 일었다. 하지만 네 뜻이 그러하니, 엄마로서 할 바는 다 한 것 같아 대학졸업장에 대한 미련을 내려놓았다. 네가 선택한 것이니 네가 책임지며 잘 지내길 바란다.

아빠를 닮아 술을 마시면 얼굴이 빨개지고 술도 약한 네가, 술과 관련된 일을 하고 싶다는 말에 나는 긴가민가했다. 너는 조주기능사 자격증을 취득하며 네 세상을 찾아가기 시작했다. 네가 아르바이트해서 번 돈은 고가의 술을 사느라 다 써 버렸지. 그리고 밤마다 형형색색의 아름다운 칵테일을 만들어 내게 시음을 부탁했다. 나는 "이러다 알코올 중독자가 되겠다."고 말했지만, 맛있는 술을 마시며 즐거웠다. 무엇보다 자식이 무언가에 관심을 갖고 노력하는 모습이 흐뭇했다.

마침내 네가 일을 찾아 서울로 가는구나. 네가 서울로 간다고 하니, EBS의 다큐멘터리 하나가 생각난다. 지방에는 일할 곳이 없고 원하는 직업이 없어서, 일을 찾아 서울로 간 지방 청년들의 이야기였다. 열악한 주거환경에서 부실한 식사를 하며 꿈을 이루기 위해 고군분투하는 그들의 모습은 안쓰럽고 애처로워 보였다. 좌절하기도 하고, 상대적 박탈감에 절망하는 모습을 보며 얼마나 마음이 시리던지. 그러면서도 성공과 희망을 이야기하며 '살아내야죠' 하던 젊은이의 푸르른 웃음은 어찌나 눈부시던지.

내 아이도 영상에서 보던 젊은이처럼 살아갈 것을 생각하니 어미로서 명치끝이 아파온다. 서울에 집이 있는 것도 아니고, 부모가 돈이 많아 지원하는 것도 아닌 데다, 학연, 지연 등 든든한 배경이 있는 것도 아니어서, 네가 허허벌판에 홀로 선 나무 같아 염려가 된다. 하지만 네가 어릴 때 보여 준 모습을 생각하면 너의 미래가 기대된다. 더구나 네가 하고 싶은 일을 하러 간다니 좋은 일이라 여기고 응원한다. 마음껏 일하고, 신나게 배우고 즐기며, 푸르른 청춘을 누리길 바란다.

막내를 보내는 어미의 마음은 첫째와 둘째를 보냈을 때와는 사뭇 다르다. 어쩌면 염려 같기도 하고 아쉬움 같기도 하다. 나이도 어리게 느껴지는 것이 막내라는 이름 때문인 것 같다. 그래서 무언가 일러줄 것이 많이 떠오른다. 잔소리 없이 키웠던 것 같은데, 막상 독립하려는 네게 이제와 해주고 싶은 말이 마구 생각나다니. 다 큰 자식에게 잔소리하는 것이 조심스럽기도 해서 고민하다 글로 쓴다. 듣고 안 듣고는 네 마음이고, 엄마는 속이나 시원하게 잔소리를 늘어놓으마. 이 글이 너를 사랑하는 엄마의 따뜻함으로 전해지길 바란다.

1

콩을 수확하려거든 콩을 심어라

콩이 필요하거든 콩을 심어라. 팥을 심어 놓고 콩 나기를 백날 기다려 봤자 아무 소용이 없다. 콩은 씨앗과 열매가 같아서 분간하기 쉬운데, 세상의 많은 것이 열매와 씨앗이 다르게 생겼다는 것을 알면 좋겠구나. 작고 납작한 까만 씨에서 둥근 수박이 나오고, 새똥같이 생긴 씨앗에서 꽃이 피기도 한다. 그러니 씨앗을 보고 열매를 판단할 것도 아니고, 작은 씨앗을 함부로 무시해서도 안 된다.

씨앗이 바로 열매가 되지도 않는다. 싹이 나오고, 엉뚱해 보이는 꽃이 피었다 떨어진 다음, 낯선 꼬투리가 생긴 후에야 그 안에서 네가 원하는 콩이 여문다. 어떤 것은 빨리 열매 맺고 어떤 것은 늦다. 원하는 시기에 열매 맺지 않는다고 열매가 없는 것이 아니다. 기다려야 할 땐 기다려야 한다.

선한 일도 그렇다. 그 말이 열매를 맺기까지 중간에 이상한 일이 벌어지기도 한다. 믿고 기다리는 농부의 마음이 필요하다. 좋은 씨앗을 심거라. 혹시 정직하고 경험 많은 농사꾼이 이상한 씨앗을 주면서 황금이 열린다고 이야기하거든 믿고 심어도 괜찮다. 누가 아니, 그것이 잭의 콩나무가 될지.

2

거울을 닦지 말고 너를 닦아라

거울을 보았을 때, 네 얼굴에 얼룩이 있거든 거울을 닦지 말로 네 얼굴을 닦아라. 세상은 너를 비추는 거울이다. 거울을 보고 얼른 네가 어떠한지를 알아차려야 한다.

운전하다가 문득 교통이 혼잡해지고 주변의 차들이 거칠어지거든 네 마음을 먼저 보거라. 네 마음이 차분해지고 가벼워지면 주변의 차들이 조용해지고 교통이 원활하게 흘러가게 될 것이다.

누군가의 욕심이 보이거든 얼른 네 마음의 욕심을 깨닫고 놓아버려라. 세상이 시끄럽다고 느껴지면 쉬어라. 산에 가도 좋고 강가를 거닐어도 좋고 집에서 고요하게 있어도 좋다.

세상은 너의 거울이고 너는 세상의 거울이니 너를 닦으면 세상이 투명해지고 아름다워진다. 잊지 마라, 거울을 아무리 닦아도 네 얼굴을 닦지 않으면 얼룩은 그대로 있다는 것을. 거울을 바꾸어도 마찬가지라는 것을.

3

누구나 마지막 퍼즐 조각이다

퍼즐을 맞출 때 마지막 퍼즐 조각을 잃어버리면 퍼즐은 미완성이다. 마지막 조각 하나가 전체이자 완성이다.

너의 존재가 그렇다. 네가 아무 무늬가 없는 퍼즐 조각이든, 줄 하나 스쳐 가는 퍼즐 조각이든 상관없다. 너는 지금 여기에 필요한, 있어야만 하는 마지막 퍼즐 조각이자 전체이다. 너 없으면 안 된다. 너를 잃어버리면 세상은 미완성이다. 너를 함부로 여기지 말고, 다른 조각과 견주지 말며, 지금 여기에 있는 것을 하찮게 여기지 말거라.

타인도 마찬가지다. 그 사람도 이 세상을 구성하는, 네가 만들어가는 커다란 그림의 퍼즐 조각임을 기억하면 이해하고 싶어지고, 용서하고 싶어지고, 끝내 사랑하고 싶어질지도 모른다.

우리는 꼭 있어야 해서 여기에 있단다. 가끔 의심이 들기도 하겠지만 그것은 틀림없다.

4

원하는 것은 얻기 어려우나
기대한 것은 저절로 이루어진다

원하는 것은 내가 가져야 할 것보다 더 많은 것을 가져오는 일이다. 원하는 것을 이루기 위해서는 그만큼의 대가를 치러야 한다. 시간을 쓰거나, 돈을 들이거나, 행복을 희생해야 하거나, 건강을 버리게 될지도 모른다. 피땀을 흘리기도 하고, 삶을 다 걸어야 할지도 모른다. 억지로 얻은 것은 오래 머물지도 않는다. 그만한 가치가 있는지 심사숙고해 보거라.

반면에 저절로 기대되는 것이 있다. 그것은 계산과 욕심이 들어가지 않는 어떤 것이다. 그것은 스치는 생각이나 느낌으로 떠오른다. 기대되는 일이 떠오르거든 일단 공책에 적어 두어라. 엉뚱하거나 황당해 보여도, 그냥 써 두어라. 글자로 써 두는 것은 이루기 위해서가 아니라 이룬 것을 확인하기 위해서다. 나중에 네가 무엇을 원했는지 잊으면, 네가 무엇을 이루었는지도 확인할 수가 없잖니.

머리는 네 마음을 이해하지 못한다. 마음이 원하는 것은 머리로 계산하는 것보다 힘이 세다. 기대되는 것은 저절로 이루어진다. 많은 수고가 들지도 않는다. 생각으로는 도저히 방법이 없고 가망도 없어 보이는 것이, 너도 예상하지 못하고 상상하지 못한 방법으로 이루어진다. 어떤 것은 결과를 생각하지 말고 시도해 보거라. 어떤 것은 그냥 기다려라.

5

불똥이 튀거든 우선 피해라

불이 나면 소화기를 사용하고, 물동이에 물을 떠 와 불을 끄도록 하여라. 하지만 불똥이 사방으로 튀거든 일단 자리를 피해라. 감당할 수 있는 일과 그렇지 않은 일을 구분하는 힘이 있어야 한다. 그것이 지혜이고 그것을 실천하는 것이 용기다. 무모한 것은 용기가 아니고 미련한 것이다. 불똥이 튀면 일단 피해라. 오죽하면 손자병법에도 줄행랑이 있겠느냐. 그것을 부끄러워하지 마라.

6

약속할 때의 그 마음을 잊지 마라

약속할 때의 마음이나 다짐을 기억해라. 우선 시간 약속을 잘 지켜라. 약속에 늦지 마라. 항상 십 분 전에는 도착하도록 하여라. 돈 약속은 꼭 지키거라. 말 약속도 마찬가지. 약속을 미루거나 번복하거나 잊지 마라. 약속의 경중에 대한 기준도 잘 세우길 바란다. '나의 아저씨'란 드라마에서 주인공 박부장이 계약직 직원과의 저녁 약속을 지키기 위해 회장의 저녁 식사 제안을 거절하는 장면이 나오는데, 엄마는 그 장면이 참 좋았다.

자신과의 약속은 지키기가 쉽지 않다. 멈추지 않고 포기하지 않으면, 자신과의 약속은 지키는 중이더라. 너와의 약속은 잊지 말고 포기하지 말고 계속 품고 가려무나. 언젠가 네가 그것을 이룰 날이 올 것이다.

7

깊게 파려거든 넓게 파라

우물을 깊게 파려면 넓게 파 내려가야 한다. 복잡한 세상에서 한 분야에 전문가가 되려면 그와 관련된 많은 것을 알아야 한다. 하나만 달랑 공부할 생각은 집어치워라. 좋아하는 것을 잘하기 위해 그와 관련된 것에도 기꺼이 관심을 두고 공부하여라.

김연아 선수는 피겨스케이트만 탄 것이 아니었다. 운동도 하고 음악도 듣고 무용도 했다. 나는 네가 술에 대해 관심이 많다는 것을 안다. 술에 대해서만 아는 것은 반만 아는 것이다. 술과 관련된 역사, 문화, 경제, 유통, 최신 경향 등을 알아야 전문가라고 할 수 있을 것이다. 하나에 깊은 관심을 가지고 넓게 파 내려가는 과정은 삶의 즐거운 여정이 될 것이다.

8

눈 흘길 때 알아차려라
등짝 맞을 때까지 기다리지 말고

살면서 남의 눈치 보는 것을 바라지 않는다. 내 팔 내가 흔들며 내 발로 걸어가는데, 다른 사람이 무어라 하든지 너무 괘념치 않으면 좋겠다. 하지만 자주 만나거나 같이 사는 사람이 눈을 흘길 때는 빨리 알아차려라. 부당하면 항의하고, 이해되면 고쳐라. 등짝을 맞고서야 정신 차리지 말고 미리미리 개선하기 바란다. 지금 발견한 문제가 가장 작다. 시간이 지나면 더 커진다. 얼마나 많은 사람이 호미로 막을 것을 가래로 막으며 사는지 모른다.

내 친구 하나는 꿈이 '상사에게 혼나지 않기'였다. 그 말을 듣고 웃었는데, 지금 생각하니 하루하루 그녀가 얼마나 노력했을까 가늠된다. 너도 상사에게 많이 혼나지 않기를 바란다. 네가 상사가 되었을 때도 아랫사람에게 원망을 많이 듣지 않기를 바란다.

자리마다 필요한 자격조건이 있다. 갑자기 준비할 수 있는 것도 있지만 오랜 시간이 걸리는 것도 있다. 미리 준비해야 할 것은 틈틈이 잘 준비하여라. 어학실력도 그렇고 교양도 그러하며 인품도 그렇다. 혼나고 나서는 서둘러도 늦다. 미리 잘 챙겨라.

9

함께 행동하지 못하면 기부라도 하거라

세상에는 네가 더 나은 세상에서 살 수 있도록 봉사하고 희생하는 사람이 있다. 보이지 않고 들리지 않는다고 없는 것이 아니다. 그러니 너도 보이지 않게, 들리지 않게 적은 금액이라도 그들을 위해 기부하기를 바란다. 좋은 것을 같이 행동하면 좋지만, 그렇지 못할 때는 네가 할 수 있는 기부라는 것도 있음을 기억하기를 바란다.

10

배울 수 있다면 나쁜 것은 없다
다 좋다

공자님은 배울 수 없는 상황에서 배우는 것이 가장 큰 배움이라고 했다. 남을 원망하고 환경을 탓할 순간이 많을 것이다. 그 순간에도 배울 것을 찾는다면 가장 현명한 선택을 하고 있는 것이다.

살면서 일어난 일은 추억이 되거나 상처가 되거나 잊히는 일 중 하나가 된다. 겪은 일이 상처가 되지 않으려면 그 일에서 배우면 된다. 나를 아프게 하고 슬프게 하는 것들에서 배움을 얻는다면, 그것은 상처가 아니라 고마운 추억이 되고 재미있는 이야기가 될 것이며 교훈이 될 것이다. 너에게 달렸다. 나쁜 것은 없다.

배우고 익히면 그 순간부터 나머지 인생 동안 그것을 사용할 수 있다. 배움은 끝이 없어 죽을 때까지 배워야 하겠지만, 일찍 배우면 그 지식을 오래 사용할 수 있으니 얼마나 이득이니. 가능한 일찍 배워 익히면 좋겠지만, 오늘이 그나마 남은 날 중 가장 빠른 때이니 지금 배우는 것이 가장 좋은 시기다. 배움에 부지런하기를 바란다.

11

코르크 마개는 웨이터에게 맡겨라

모든 사람은 잘하는 것이 있으며, 내가 잘하는 것을 나보다 더 잘하는 사람도 부지기수다. 그렇게 성취한 사람을 칭송까지는 아니더라도 높이 평가하고 칭찬해라. 질투하지는 마라. 열등감은 더욱 안 좋다.

기회가 되면 그에게 그가 잘 하는 일을 맡겨라. 그것은 그를 돋보이게 하는 일이니, 그를 칭송하는 좋은 방법이다. 남을 돋보이게 하는 것은 좋은 일이다. 그 사람처럼 잘하고 싶어서 시도하고 노력하는 것도 좋은 일이다. 하지만 그와 경쟁하지는 마라. 목표를 세워서 어제의 너와 경쟁하여라.

너보다 잘난 사람이 많다는 것을 인정해라. 그리고 너도 남보다 잘난 점이 많다는 것을 잊지 마라. 그리고 엄마한테는 네가 최고로 잘나고 잘생겼다는 것을 기억해라.

12

고인돌도 알아야 한다

지식은 엄청나게 쌓여있고 새로운 지식은 계속 생긴다. 너무 많은 지식과 정보가 쏟아져 나오니, 정말 중요한 것이 무엇이고 바른 정보가 어떤 것인지 취사선택이 오히려 어려운 것 같다. 그러다보니 감각적이고 흥미로운, 어찌 보면 군것질 같은 지식과 정보에 쉽게 현혹되기도 한다. 군것질을 많이 하면 몸에 해롭다. 폰을 켜고 그런 정보에 많은 시간을 보내지 않도록 해라.

새로운 것을 부지런히 배우느라 수고가 많다. 그래도 오래된 것을 무시하지 마라. 고전은 그만한 가치가 있어서 시공간을 넘어 유산으로 남는 것이다. 옛것은 안목을 넓혀주고 삶에 대한 통찰을 갖게 한다. 흔하게 듣는 말이라 가볍게 들릴지 모르지만, 소중한 말이니 진지하게 듣기를 바란다.

옛것을 익혀 지혜를 얻는다면 알게 될 것이다. 세상살이가 그다지 복잡하지 않다는 것을. 사는 것이 재미있다는 것을. 그리고 잘 살 수 있는 방법이 확실히 있다는 것을.

13

소크라테스의 말을 기억해라

'너 자신을 알라'는 말처럼 삶을 꿰뚫는 말은 흔치 않다. 나 자신을 알면, 사는 것이 여간 수월한 게 아니다. 심지어 나를 알아가는 과정에 있기만 해도 사는 게 재미있어진다.

자신을 잘 아는 방법은 첫째, 내가 어떻게 느끼는가, 나의 감정을 섬세하게 알아채는 것이다. 둘째, 나만 보는 것이다. 타인과 상황에서 원인을 찾지 말고 오로지 내가 왜 이렇게 느끼는지에만 집중한다. 저 사람이 나를 왜 째려봤는지 분석하는 것이 아니라, 내가 왜 그렇게 느끼는가에 집중한다. 나를 알아가는 과정에서 타인은 그리 중요하지 않다. 타인은 도우미일 뿐. 셋째, 오류를 발견하는 것을 두려워 마라. 잘못을 발견하는 것보다 인정하는 것이 더 힘들 수도 있다. 수정하는 과정에서 고통이 따른다. 미리 알아두어라.

감정은 네가 선택할 수 있다. 과거에 엄마를 화나게 하지 말라던 나의 말을 사과한다. 미안하다. 엄마가 부족하여 부정적인 감정을 심었다면 용서해 주기를 바란다. 그리고 이제는 네가 어른이니 그 감정조차 네가 잘 관리하며 스스로 챙기길 바란다. 환경 탓, 유전 탓, 남 탓하지 말고 지금 성심성의껏 네 감정을 잘 보살피기를 부탁한다. 감정에서 자유롭기를, 너를 잘 알기를 바란다. 힘내라.

14

자다가도 떡이 생기고 술이 생긴다

옛말에 어른의 말을 잘 들으면 자다가도 떡이 생기고 술이 생긴다고 했다. 어른이 갑질하는 말일 수도 있지만, 시간을 초월한 지혜의 말인 경우가 더 많다.

어른의 말을 주의 깊게 그러나 편안하게 듣거라. 네가 그 어른으로부터 하나를 제대로 배우고 그것을 감사하게 여긴다면, 너도 모르는 사이 너도 그런 부분을 갖춘 사람으로 성장할 것이다. 좋은 어른을 만나 너도 좋은 어른이 되어 가면 좋겠다.

무엇보다 떡과 술을 가진 어른이 많다는 것을 염두에 두면 좋겠다.

15

샤워할 때는 물을 틀기 전에 샤워 꼭지가 다른 곳을 향하게 해라

샤워할 때 수돗물을 틀면 차갑거나 뜨거울 수 있다. 일단 샤워 꼭지가 다른 곳을 향하게 해서 물의 온도를 살핀 후 샤워를 하여라. 일을 할 때도 마찬가지다. 무조건 본론으로 들어가지 말고 주위를 잘 살피며 워밍업을 하면 사고를 예방할 수 있다. 두루 살피고 생각하는 연습을 하여라.

16

화장실 문은 조금 열어 두어라

화장실 문은 조금 열어두어라. 곰팡이 생길라. 문을 약간 열어두면 환기가 되면서 욕실이 건조해지고 곰팡이가 안 생긴다. 물론 볼일 볼 때는 문 닫는 것을 잊지 마라. 사람 사이에도 드나들 수 있는 공간을 두어라. 너무 가까워도 둘 사이에 곰팡이가 핀다.

17

표정을 감추고 싶거든
태양을 등지고 앉아라

정직은 삶을 살아가거나 공부할 때 가장 기본적으로 갖추어야 할 덕목이라고 생각한다. 인간관계에서 너의 정직함은 타인으로부터 신뢰를 가져다 줄 것이고, 공부에서는 너의 부족함을 인정하여 공부할 기회로 너를 데려갈 것이다. 하지만 때로는 정직과 침묵 사이 어디쯤에 머물러야 할 때도 있다. 그럴 때는 태양을 등지고 앉아라. 상대방에게는 따뜻한 햇살과 좋은 풍경을 선물로 줄 수 있고 ,너는 상대방의 표정을 확연히 보면서 너의 미세한 표정은 감출 수 있어서 일거양득이다.

18

컵을 줄 때는 상대방이 받았는지 확인하고 손을 놓아라

컵을 건네주고 손을 뗐는데 상대방이 미처 받지 못해 컵이 깨진 경험이 있지 않니? 내 잘못이라기엔 억울하고 상대방을 탓하기에도 석연치 않지. 컵을 줄 때는 상대방이 컵을 잡았는지 확인하고 손을 놓아라. 계주 선수들이 바통을 건네줄 때 '탁' 치면서 건네주는 것이나, 의사가 집도할 때 수술도구를 터치하듯 건네는 것도 같은 이치다. 정확하게 주고받는 신호인 거지. 항상 무언가를 건네고 받을 때는 상대방도 알고 나도 알게 하여라. 서류일 수도 있고 정보일 수도 있고 지시와 답변일 수도 있다. 컵을 깨지 않기 위해 잠깐 확인하는 것을 귀찮아하지 않기를 바란다. 명확하게 하지 않으면 컵이 깨진다. 인간관계도 깨지고 사업도 깨질 수 있다.

19

남의 입맛에 너무 예민하지 마라

본인이 알아서 잘 먹을 거다.

그리고 무얼 먹든지 어떻게 먹든지 참견하지 마라.

엄마가 이거 먹어봐라 저거 먹어봐라 하며 참견하는 것은 좀 봐주라.

20

한복에 넥타이를 매도 좋다
깨끗하기만 해라

깨끗하다면 어떻게 옷을 입든 개성이 될 수 있다.
지저분하거나 더러운 것은 개성이 아니라
게으름이다.

21

감기가 들면 이를 굶어라

감기 기운이 있거든 쌍화탕 한 병을 따뜻하게 해서 마시고 푹 자려무나. 이틀을 굶으면 감기는 더 빨리 낫더라. 입맛 없을 때 억지로 먹는 것도 몸에 대한 예의가 아니다.

22

하루 안 먹고 안 자도 죽지 않는다

하루 안 먹고 안 자도 죽지 않는다.

그러니 유난 떨지 마라

23

바지 지퍼가 열려 있을 수도 있다

살다 보면 실수라는 것은 있기 마련이다. 그럴 수 있다고 넘겨라. 다른 사람의 실수도 눈감아 주어라. 지적 안 해도 알아서 수정할 것이다. 누가 너의 실수를 이야기 하면 그때는 고맙다고 해라. 너를 위해서 그럴 때가 많다. 하지만 습관적으로 그런 사람도 있다. 원래 자기 눈의 들보는 못 보아도 남의 티끌을 잘 보는 사람이 있다. 너를 싫어해서 그런 것이 아니라 그 사람의 인격이 성장과정에 있어서 그런 것이니 그 또한 눈감아 주어라. 대신 다음엔 지퍼를 꼭 확인하는 버릇을 갖도록 해라.

24

막걸리를 흔들었으면
꼭 병 모가지를 졸라라

막걸리를 흔들고 바로 뚜껑을 열지 마라. 폭발한다. 막걸리를 마시는 게 목적이니 병 모가지를 조르든 시간을 두고 기다리든 가스를 진정시켜라. 가스 때문에 막걸리 마시는 일을 망치지 마라. 살다 보면 폭발하는 상황이 생긴다. 목적을 잊지 마라. 먼저 네 마음의 가스를 빼거라.

25

고기를 자주 뒤집지 마라

적당한 때를 기다리고, 적당한 행동을 한다는 것이 쉽지는 않다. 조바심이 나거든 고기가 익는 시간만큼 조금만 기다려 보거라. 그러면 뒤집기 적당한 때가 보인다. 맛있는 고기를 곧 먹을 수 있을 거다.

26

아프지 마라

손을 자주 닦아라.

핸드크림을 발라주면 좋다.

하루 한 끼는 제대로 된 식사를 하거라.

잠은 잠깐 자더라도 편안하게 자면 좋겠다.

서울은 부산보다 엄청 춥다.

따뜻하게 입고 다녀야 한다.

여름은 또 무척 덥다. 냉방병 조심해라.

다치지 마라.

아프지 마라.

27

험담할 때의 짜릿함에 속지마라

남을 험담하지 마라. 결국 자기 인격을 드러내는 것일 뿐이다. 그 사람은 그게 최선의 행동이었다. 그 사람을 이해하지 못하지만 그렇게 할 수밖에 없었다는 것은 인정할 수는 있다. 누군가를 험담하고 싶을 때, 너는 그렇게 행동하지 않기로 결심한다면 그가 스승이다. 감사해라. 그래도 마음이 안 풀리면 누나랑 술 마시며 욕해라. 누나는 네 편 들어주고 흉도 들어줄 거다.

28

희생하지 말고 선택해라

희생하지 마라. 희생은 남이 붙여줄 말이지 네가 할 말이 아니다. 손해 보는 짓을 하면서 희생이라고 말하지 마라. 손해를 보더라도 그것이 옳은 것이고 후회하지 않을 자신이 있거든 기꺼운 마음으로 선택하여라. 너에겐 선택일 뿐이지만, 다른 이에겐 너의 선택이 희생이요 배려가 되어 고마워할 것이다.

29

관대함은 더 많이 주는 것이다
자부심은 더 적게 가지는 것이다

이해했느냐?

30

두 번째 화살은 맞지 마라

누구나 잘못하고 실수한다. 예상치 못한 불행도 온다. 인정하고 받아들여라. 그럴 수 있다고. 인생은 그런 것이라고. 이미 지난 일, 벌어진 일 때문에 속상해하면서 자신을 해치지 마라. 그것이 두 번째 화살이라고 했다.

정신 차려야 한다. 두 번째 화살은 피하자.

31

아침엔 침대를 정리하고 저녁엔 신발을 가지런히 놓아라

침대를 정리하는 데 30초면 충분하다. 그 정도 여유를 가질 수 없다면 잘 살 수가 없다. 돌아와 신발을 정리하는 데도 10초면 충분하다. 그 정도 정리할 수 없다면 제대로 살았는지 어찌 알 수 있겠니. 명심하길 바란다. 정우성 씨도 아침마다 침대를 정리한다더라. 내 눈엔 너도 정우성 씨 못지않다.

32

네가 케이크를 자르면 남이 먼저 먹게 해라

살면서 공정해지기가 쉽지 않다. 수시로 일어나는 욕심을 삼가는 것도 어렵다. 공정에 대한 너만의 올바른 규칙을 가진다면 너 자신을 속이는 것을 예방할 수 있다. 욕심 부리지 말고, 얻은 것은 공정하게 나누기를 바란다.

네가 태어나면서 신으로부터 공짜로 받은 것도 많다. 좋은 목소리, 잘 이해하는 능력, 뛰어난 암기능력, 매력적인 외모, 훌륭한 언어 감각, 타고난 유머, 글 쓰는 솜씨, 노래, 섬세한 미각이나 후각 등 신으로 부터 공짜로 받은 것이 의외로 많다. 누구나 공짜로 받은 재능으로 밥 먹고 살기도 하고 즐기기도 하며 칭찬도 받는다. 공짜로 받은 것으로 이익을 얻었으면 공짜로 세상에 줄 궁리도 하거라.

33

습관은 편하다

실행하면 좋은데 귀찮아서 외면하고 싶은 행동은 습관을 붙여라. 습관을 들여 무의식적으로 하면 하나도 번거롭거나 힘들지 않다. 살면서 그런 일이 많더라. 음식 먹고 바로 치우기, 물건을 사용한 후 제자리에 바로 놓기, 고무장갑을 끼기 전에 면장갑 먼저 끼기 등.

너는 요리하는 것을 좋아해서 물을 많이 만지다 보니 손에 주부습진이 생기곤 하더라. 번거롭더라도 고무장갑을 사용하고, 고무장갑 전에 면장갑을 먼저 끼는 습관을 들이면 좋겠다. 네 손이 거칠면 내 마음이 아프다.

34

아무리 좋은 차라도 브레이크가 망가졌으면 타지 마라

자동차는 가고 서는 것이 제대로 잘 되어야만 한다. 외형이 아무리 아름답고 누군가 찬사를 늘어놓더라도 기본이 안 된 것이면 사람이든 물건이든 친하지 마라. 기본이 안 되어 있으면 아무짝에도 쓸 데가 없다. 나중에 쓰레기로 치우느라 비용만 더 든다.

35

생각하는 대로 산다

사람은 생각하는 대로 삶을 살고, 생각하는 대로 이루는 것 같다. 좋은 생각을 하면 좋은 세상이 네게 열릴 것이다. 엄마는 제임스 앨런의 '생각의 지혜'라는 책을 좋아한다. 침대 옆에 두고 아무 때나 읽어보기를 권한다. 읽을수록 제임스 앨런의 통찰과 지혜에 고개 숙여 감사하게 된다. 네게도 위안이 되고, 네가 가는 길을 밝혀 주는 가로등이 되어 주리라 생각한다.

36

보이지 않는 향수가 기분을 좋게 한다

좋은 향수 하나 정도는 사용하렴. 보이진 않지만, 향수는 너와 주변을 기분 좋게 한다. 향수 말고도 기분 좋게 하는 것이 있다. 당사자가 없는 곳에서 하는 칭찬, 마음으로 전하는 감사의 마음, 잘되기를 바라는 축복, 내가 괜찮다고 믿는 자신감 등. 좋은 향수 같은 일상을 보내기를 빈다.

37

겨울이 가야 봄이 온다

뭐든 때가 있다. 때를 알고 기다릴 줄 알면 늘 평화로울 수 있다. 겨울이 가야 봄이 온다. 조바심 내지 말고 재촉하지 마라. 어차피 추운 겨울, 춥다고 투덜대며 웅크려 있지 말고, 눈사람을 만들고 썰매를 타거라. 봄은 온다. 얼음장 밑으로 이미 오고 있다.

38

니트의 올이 풀리거든 잡아당기지 마라

확 잡아당겨서 풀어버리고 싶은 순간이 있다.

풀어버리면 속이 후련할 것 같지만,

일단 멈추고 조심해서 묶어라.

안 그러면 올이 풀려 옷은 없어지고 실만 남는다.

39

멍게는 정착하면 뇌를 버린다

뇌는 운동하기 위해 있다고 하더구나. 항상 운동해라. 운동은 몸뿐만 아니라 마음도 건강하게 하는 데다 뇌의 활동을 활발하게 한다. 너는 운동을 꾸준히 했으니 계속 잘하겠지만, 직장 생활에 바쁘고 지치면 운동을 거를 수 있다. 그러면 몸은 편하게 느끼겠지. 나쁜 것은 빠른 시간에 습관이 되더라. 동네를 산책하는 것도 좋으니 운동하기를 멈추지 말거라.

40

귓구멍 콧구멍에도 신경 써라

전철을 탔는데 말끔한 정장을 입은 젊은이가 내 옆에 앉았다. 고개를 들어 힐끗 그의 옆모습을 보았다. 그만 귀를 보고 말았구나. 귓구멍에 귓밥이 넉넉한 것이 눈에 띄었는데, 왜 그렇게 실망스럽던지. 그 청년이 네가 아니길 빈다.

41

빨래 먼저 해라

일에는 순서가 있다. 빨래와 청소, 설거지가 있다면 먼저 빨래를 세탁기에 돌려라. 세탁기가 돌아가는 동안에 청소하고 마지막에 설거지하면 좋다. 그동안 빨래가 다 되면 빨래를 널면 된다.

일의 순서를 잘 잡는 것이 편하게 사는 것이다. 뒤죽박죽으로 일하면 시간과 노력이 낭비되고 인생도 꼬인다. 삶에도 우선순위가 있다. 우선순위에서 제일 빠른 것이 사람이길 바란다.

42

비스킷처럼 바삭하게 살아라

망설이느라 미적대고,
미련을 가지고 치근대거나,
변명하느라 질척거리지 말고,
바삭하고 명쾌하게 살면 좋겠다.

43

무시하지 마라

다른 사람을 무시하지 않으려면 먼저 그 사람을 인정해야 한다. 그게 쉽지 않다. 내가 가진 선입견을 내려놓아야 하고, 나름대로 다 사정이 있다는 것을 헤아려야 하고, 그럴 수밖에 없다는 것에 대한 연민도 있어야 한다. 이게 최선이었을 거라고 인정해야 하고, 내가 모르는 의미와 가치가 있다는, 그래서 만물과 만인이 평등하게 세상을 구성하고 있다는 것도 받아들여야 하는…. 어렵다. 그래도 무시하지 말자.

일단 예의를 지키고, 상대방의 말을 잘 듣고, 내 생각대로 상대를 조종하려 하지 말고, 세상이 주입하는 차별에 휩쓸리지 말고 사람을, 세상을 대하자.

44

매너가 신사를 만든다

엄마가 보기에 너는 매너가 좋은 편이라 크게 걱정하진 않는다만, 살면서 미처 익히지 못한 매너도 많을 거다. 새로운 장소, 새로운 사람, 새로운 상황, 새로운 물건에 맞는 매너를 알아둔다면, 네가 당황하지 않고 여유 있게 그 상황을 즐길 수 있을 거로 생각한다. 매너 있는 청년에게 호감과 신뢰가 가는 법이다. 사회생활은 사람과 어울리는 일이니, 때와 장소에 맞는 매너를 익혀두렴.

45

옳은 사람을 지켜라

옳은 사람을 지지하고, 바른 생각을 응원해라. 이익에서 한 발 벗어나 올바른 것을 지지하고 함께 싸워준다면 멋질 것 같다. 나는 안중근 어머니 같은 사람은 못 되지만, 네가 옳은 일을 한다면 자랑스러워할 것이다.

46

무엇보다 자신을 지켜라

너를 함부로 대하는 사람을 봐주지 마라. 함께 놀지 마라. 물론 제정신이 아닌 사람도 피해야 한다. 깡패를 만나면 도망가거라. 네 여자를 놀리면 여자의 손을 잡고 같이 도망가라. 너를 함부로 대하는 조직과 사회도 무조건 견디며 봐주지 마라. 잘못된 것이 바뀌도록 사회의 구성원으로서 해야 할 일을 하여라. 너보다 물건이나 지위가 더 중요하게 대우받도록 허용하지도 마라. 너는 그런 거 없어도 빛난다. 너를 심리적으로 지배하려는 사람도 봐주지 마라. 잊지 마라. 너 자신을 지켜야 한다. 자중자애自重自愛 하거라.

47

밤에 검은 옷을 입고 아스팔트길에 누워있지 마라

먹어 봐야 똥인지 된장인지 구분하는 사람이 있다. 결말이 뻔히 보이는 위험한 일을 마치 모험인 양 덤비지 마라. 어리석은 일이다. 너를 위험에 빠뜨리는 일을 자초하지 않기를 바란다.

48

비난, 비평, 불평하지 마라

비가 온다고 구시렁대지 말고, 춥다고 투덜대지 말며, 덥다고 짜증을 내지도 마라. 불평은 별것 아닌 것 같지만 어린 왕자의 바오바브나무 같은 것이니 일찌감치 뽑아 버려라. 비난, 비평, 불평을 하지 않으려면, 상황을 긍정적으로 해석하는 창의적인 시각과 긍정적인 표현력이 있어야 하고, 그것을 대체할 해결 방안을 찾을 능력이 있어야 한다. 너희 세 남매가 방을 어지럽히고 벽에도 낙서를 해댈 때, 그래도 천정은 깨끗해서 다행이라고 생각하기까지 엄마는 긴 시간이 걸렸다.

비난, 비평, 불평을 멈추면 그 자리를 감사와 '그렇구나, 이런 일이 생길 수도 있구나.' 하는 받아들임이 자리를 차지하게 된다. 벌어지는 일을 성심껏 따라가다 보면 삶이 보인다. 일상의 문제들이 저절로 해결되고 사는 것이 즐거워진다. 문득 그런 생각이 들 거다. 내가 삶을 사는 것이 아니라 삶이 나를 산다는. 삶이 네 안에 맘껏 들어오도록 허락해라. 자식은 부모보다 더 진화된 존재이니 너는 나만큼 오래 걸리진 않을 것이다. 잘 해내길 바란다. 화이팅.

49

짜장면과 짬뽕 중에
선택하라고 하면

짜장면과 짬뽕 중에 선택하라고 하면 다른 선택지가 있는지 물어라. 탕수육이 먹고 싶으면 네가 선택지를 추가해라. 타인의 질문에 갇히지 마라. 상대방이 제시한 선택지에 지배당하지 말거라. 우문현답愚問愚答의 센스가 있으면 좋겠다.

질문하는 자가 힘이 있는 자다. 네가 질문을 잘하는 사람이 되면 좋겠다. 질문을 바꾸면 삶이 바뀐다. 항상 너 자신에게 좋은 질문을 하여라. 크고 바른 질문을 하기 바란다. 질문은 다른 세상을 여는 문이다.

50

숨 쉬는 것을 잊지 마라

숨 쉬는 것을 자주 확인해라.

화가 날 때 특히 숨 쉬는 것을 기억해라.

힘이 들수록 숨 쉬는 것을 확인해라.

항상 숨을 잘 쉬는지 빠르진 않은지 살펴라.

느리고 깊게 숨을 쉬면 평안하다.

51

본질을 기억해라

본질을 기억했으면 좋겠다. 처음 어떤 직업이 생겼을 때는 순수하게 인간을 위해 좋은 역할을 하려고 생겼을 것이다. 의사는 환자의 생명을 살리고 돌보는 것이고, 농부는 사람을 먹여 살리기 위해 농사를 짓는 것이며, 파일럿은 비행기를 안전하게 운행하는 것이다. 네가 하는 일의 본질을 잘 기억하고 충실하면 좋겠다. 그럴 때 네가 하는 일이 아름다운 일이 될 것이다. 모든 일이 돈을 많이 버는 것을 본질로 삼는 것 같아 안타깝다.

52

청소기를 제자리에
놓을 때까지가 청소다

일의 끝이 어딘지 정확히 알아야 한다.

흐지부지하지 말아라.

53

접속사 하나만 바꾸어 보거라

접속사 하나만 바꾸어도 뒷말이 달라진다.

'그런데, 그러나, 그렇지만'을

'그리고'로

바꾸어 보거라.

54

하루의 마침표를 미소로 찍어라

울고 싶을 땐 엉엉 울어라.

괜찮다.

하지만 자기 전에는 무조건 웃어라.

하루의 마침표를 미소로 찍어라.

55

세상이 불공평한 것을 인정해라

세상은 불공평하다.

투덜대지 말거라.

원래 그렇다.

하지만 언젠가는 알게 되는 날이 온다.

결코 불공평하지만은 않다는 것을.

또 언젠가는 느낄 것이다. 세상이 공평하다는 것을.

그리고 깨달을 것이다. 세상이 완벽하다는 것을.

56

게임기를 사듯

초등학교 1학년 때 네가 닌텐도 게임기를 사달라고 했다. 나는 이유를 설명하고 게임기를 사주지 않았다. 2학년 때도 3학년 때도 너는 게임기를 사달라고 했지. 엄마는 꿈쩍도 하지 않았다. 결국 너는 3학년 때 사달라고 조르는 것을 포기했다. 5학년 겨울 방학 때, 네가 돈 한 무더기를 가져와 게임기를 사도 좋으냐고 물었다. 게임기를 포기한 것이 아니라 그동안 용돈을 모은 것이었다. 그러면서 종이를 한 장 내밀었지. 1. 월요일부터 금요일까지는 게임기를 사용하지 않겠습니다. 2. 게임기는 주중에 엄마에게 맡기겠습니다. 3. 게임은 주말에만 하겠습니다. 4. 학교에는 가지고 가지 않겠습니다. 등 10가지 약속을 적어왔다.

포기한 줄 알았는데 그동안 용돈을 모으고 규칙까지 정해서 내놓으니 허락하지 않을 수가 없었다. 게임기를 주문하고 게임팩은 엄마가 선물했지. 너는 약속을 지켰다. 한동안 잘 놀았다. 그것도 시시해지는 날이 왔지.

이런 과정을 네가 기억하길 바란다. 네가 어떻게 원하는 것을 얻었는지, 협상을 어떻게 했는지, 왜 추가로 게임팩을 얻게 되었는지, 규칙을 어떻게 정했는지 그리고 잘 즐기고 끝은 어땠는지까지….

57

돈 없으면 살기 불편하다는 것을 기억해라

돈이 없으면 불편하다. 수입의 십분의 일은 무조건 따로 떼어 두어라. 일 년이 지나면 한 달, 십 년이면 일 년의 여유를 벌 수 있다. 그리고 믿거라. 사치하지 않고 낭비하지 않으면 필요한 돈은 항상 네게 온다는 것을. 돈은 계산한 숫자대로 들어오고 나가는 것이 아니다.

네 인생에서 돈을 제외했을 때 네 자존심이, 친구가, 웃음이, 희망이 그대로 온전할 수 있는 삶을 살면 좋겠다.

58

가재는 벗은 껍데기에
다시 돌아가지 않는다

문득 확연하게 깨닫는 순간이 있다. 그 선명한 앎이 왔을 때 그 순간을 놓치지 말고 기억하여라. 그때가 가재가 탈피하듯 네가 성장하는 순간이란다.

네가 오랫동안 키웠던 가재 생각나지? 가재가 성장하여 탈피하지 않더냐. 껍데기를 모양 그대로 벗어놓고 나온 가재는 정말 아름다웠다. 가재의 색깔은 신비하고 투명했다. 막 탈피한 가재는 몸이 연약해서 돌 아래에 숨었지.

사람의 의식도 성장한다. 학벌이 좋고 좋은 직업을 갖고 나이를 먹는다고 의식이 성장하는 것이 아니다. 그것은 삶과 자연과 타인, 특히 자신에 대한 지극한 관심과 사랑이 있을 때 문득 깨달음이 오면서 성장하는 것 같다. 그 순간이 왔을 때, 가재가 제 몸을 보호하듯, 깨달음이 너의 것이 될 때까지 너를 잘 돌보기를 바란다.

가재도 일정한 시간이 지나면 탈피하는데 하물며 만물의 영장이라고 주장하는 인간은 어떠하겠니. 정기적으로 마음의 탈피를 하자. 그리고 벗어놓은 껍데기로 돌아가지 말자.

59

우리가 여기에 있다는 것을 기억해라

살다 보면 쉬고 싶은 순간이 있다.

숨고 싶은 순간도 있지.

자랑하고 싶을 때도 있단다.

그때마다 우리가 여기에 있다는 것을 기억해라.

항상 너를 응원하고

너의 기쁨을 기뻐하며

너의 슬픔을 슬퍼하는

우리가 있단다.

네 삶의 무게를 기꺼이 나눌 수 있는

우리가 있다는 것을

기억해 주기 바란다.

60

너무 애쓰지 마라

큰 뜻을 세우든 작은 뜻을 세우든 다 좋다. 하지만 너무 애쓰지 마라. 게으름을 피우라는 뜻은 아니다. 뜻을 세운다고 모두 이루어지지 않는다. 인생은 운칠기삼運七技三이라 했다. 인간의 일은 겨우 삼이다. 삼이니 삼만큼만 열심히 해라. 나머지 칠은 운에 맡겨라. 삼을 다한 후에야 칠이 오니 삼만큼은 성실하게 살아야 한다. 칠까지 하려고 너무 안달복달하지 마라. 이루어질 것은 어떤 방식으로든 이루어지니, 남의 것 탐내지 말고, 도박하듯 무모하게 살지 않는다면, 네가 기대하는 것은 다 이루어지니 걱정 말거라. 부디 걱정 말거라. 너무 애쓰지 말거라.

인생은 수능시험이 아니다. 운전면허시험이다. 기본 점수만 해도 된다. 백 점 맞지 않아도 된다. 운전면허증은 똑같이 받는다.

61

하루 십 분, 일주일에 한 시간,
일 년에 이틀은 오로지 너만 생각해라

하루 십 분 하루를 정리하고, 일주일에 한 시간 한 주를 돌아보며, 상반기 하반기 각 하루씩 이틀은 오로지 너만 생각하는 시간을 가지면 좋겠다. 그때마다 하나의 새로운 좋은 습관을 만들기 바란다.

음…, 엄마에게 가장 좋은 습관을 추천하라면 일기 쓰기를 추천할 것이다. 일기를 쓸 때는 감사한 것과 네가 자랑스러운 것을 꼭 한 개 이상은 적거라. 할 수 있겠니? 습관이 되면 아주아주 많은 것을 얻게 될 것이다. 장담한다.

62

즉시 사과해라

사과할 때는 사과만 하거라. 변명이나 핑계를 대는 것은 바람직하지 않다. 너는 잘못하면 엄마에게 와서 바른 자세로 서서 정중하게 또박또박 사과했다. 사과한 잘못은 반복하지 않았지. 나는 그런 네가 자랑스럽고 믿음직했다. 잘했다.

너도 알다시피 사과하기 가장 좋은 때는 즉시다. 피하지 말고 미루지 말고 겁먹지 말고 당당하게 사과해라. 아직 네가 살아 있듯이 사과한다고 앞으로도 죽지 않을 것이다.

어른이 되어도 실수는 계속하고 잘못도 계속한다. 엄마는 네가 잘못을 반복하지 않을 것이란 것을 믿는다. 반복만 안 해도 훌륭한 사람이라고 나는 생각한다.

63

가끔 꽃을 사거라

꽃은 먹지 못하지만 마음을 살찌운다. 가끔 꽃을 사거라. 한 송이 장미도 좋고 한 다발의 안개꽃도 좋다. 작은 화분도 괜찮다. 의식주와 직접적으로 관련 없어 보이는 것이 삶을 풍요롭게 한단다. 부끄러워 말고 꽃을 사서 선물을 하거나 집에 꽂아두기를 추천한다.

64

사소한 것이 품위를 떨어뜨린다

입안에 음식이 있을 때 말을 하지 말고, 반찬 투정을 하지 마라. 아는 어른을 만나면 인사하고, 공공장소에서는 트림과 방귀도 조심하고, 문을 열고 들어갈 때 뒷사람이 오는 지 살펴라, 다리를 떨지 마라, 반듯하게 앉아라, 사람을 볼 때는 시선과 얼굴이 같이 가도록 해라, 단추 하나를 풀면 지적이고 두 개를 풀면 야성적이며 세 개를 풀면 미친놈이라던 글을 읽은 적이 있다, 젓가락 숟가락질을 바르게 해라, 신발을 구겨 신지 마라, 사람과 있을 때는 껌을 씹지 마라, 고개를 너무 쳐들지도 말고 숙이지도 마라…. 끝이 없구나.

공중도덕과 기본 예의와 잔소리를 무시하지 마라. 사소한 이런 것이 너의 품위를 떨어뜨릴 때가 있다. 그래서 가정교육이니 예의범절이니 하는 말들이 여전히 사라지지 않는 것이다. 집에서 하는 만큼만 하면 될 것 같다.

65

술을 마신다면 즐거울 때 마셔라

사는 것이 힘들 때는
몸과 마음을 쉬려무나.
술로 달래지 마라.
즐거울 때
축하하고 축하받을 때
스스로 대견하고 멋질 때
맛있는 술을 마시면 좋겠다.

66

빌딩 꼭대기보다는 하늘을 봐라

하늘을 자주 보거라.
해가 빛나고 달이 뜨며 별도 반짝인다.
구름도 모였다 흩어지고
비가 내리는가 싶으면
눈도 내리고 천둥 번개도 친다.
그래도 하늘은 그대로 있다.
빌딩꼭대기도 하늘 아래 있단다.
별거 아니다.
하늘만큼 마음을 높이고 살면
좋겠다.

67

남 탓할 것은 남 탓해라

성당에서 내 탓이오, 내 탓이오, 내 탓이로소이다 하는 태도는 인간으로서 성장하는 데 중요하다. 하지만 항상 자신을 탓하는 것은 미련하다고 생각한다. 세상에는 나쁜 사람도 있고, 갑작스럽고 어쩔 수 없는 상황도 있으며, 내가 할 수 있는 범위를 벗어난 것도 많다. 올바른 마음으로 할 만큼 했다고 생각되면, 그럴 때는 자책하지 말거라. 어쩔 수 없었다고, 그만하면 되었다고 자신을 다독여라. 남 탓할 것을 자기 탓만 하고 있으면 그것도 오만이고 미련한 것이다. 남 탓할 것은 남 탓해도 괜찮다.

68

네 컵을 치울 때 옆에 있는 컵도 치워라

네 컵을 치울 때 주변에 있는 컵도 치워라. 이왕 하는 김에 타인을 위해 조금만 더 수고를 한다면 복을 짓는 일이다. 생색내지도 말고 남을 돕는다는 의식조차 하지 말거라. 당연하다고 생각하면 다 좋다.

성경에 겉옷을 달라고 하거든 속옷도 주라는 말이 있다. 겉옷을 주는 것은 상대방이 요구하는 것이지만 속옷은 너의 선택이다. 무엇을 하든 네가 주체적이고 자발적으로 행동하기 바란다. 그 과정이 너의 기쁨이고 보상이니 다른 보상을 바라지는 마라. 없어 보인다.

69

흔적이 남지 않은 자리가 아름다운 것은 화장실만이 아니다

누구나 사람, 장소, 일 등을 통해 자신의 흔적을 남기고 싶어 한다. 오죽하면 호랑이는 가죽을 남기고 사람은 이름을 남긴다는 말이 있겠니. 하지만 애써 흔적을 남기려고 하지 마라. 흔적은 저절로 남는다. 흔적을 남기려고 애쓰는 순간부터 흔적은 오염이 되고 쓰레기가 된다. 흔적을 없애려는 청소부가 사방에서 몰려올 것이다.

70

욕은 좀 할 줄 아니?

욕 좀 할 줄 알기를 바란다. 너를 마냥 순하고 착하게 보는 것은 아니야. 단지 네가 욕하고 싸우는 것을 못 봐서, 네가 침 좀 뱉고 욕 좀 하는지 몰라서 그러는 거지. 욕하는 사람한테는 욕으로 맞받아쳐 줄 정도는 되어야지. 사람은 결이 모두 달라서 하나의 결로 모든 사람을 대하면 의사소통이 원활하지 않을 수 있다. 엄마는 그걸 잘 못해서 아쉬웠는데, 내 아들은 결대로 사람들을 대하면 어떨까 하고 바라는 거지. 똑같이는 말고 '약간 더 세면서 품위 있게'라는 말로 허영심의 여지를 남긴다.

71

쓰레기는 버리고 괴물은 피해라

인터넷과 SNS를 사람보다 더 자주 접하는 시대다. 재미있고 인기 있고 화려해 보여도 몹쓸 것이 있더구나. 초록빛 바닷물에 두 손을 담그면 초록색 물이 드는 법이다. 좋은 물에 두 손을 담가라. 좋은 사람, 좋은 문화, 좋은 책, 좋은 모임을 찾고 어울려라. 쓰레기는 버리고 괴물은 피해라.

72

운전 조심해라

운전 조심해라. 깜빡이는 꼭 켜고, 안전속도를 지키고, 음주 운전은 절대 안 된다. 양보해라. 갑자기 끼어들고 서두는 차를 보거든 운전자가 배탈이 나서 화장실이 급한가보다 여겨라.

걷는 것도 조심해라. 횡단보도에서 초록 신호등은 길을 건너라는 신호이다. 하지만 길을 건널 땐 초록 신호등만 보지 말고 왼쪽을 반드시 먼저 보거라. 혹시라도 그것을 무시하고 달려오는 차가 있을 수 있으니 왼쪽을 살피는 것이다.

73

연애는 알아서 잘해라

연애에 대해서는 할 말이 없다. 단지 누구와도 행복하게 살 수 있고, 누구라도 행복하게 해 줄 수 있는 격을 갖추면 좋겠다. 살아보니 상대방을 있는 대로 인정하고, 서로 자신의 삶을 잘 살 수 있도록 응원하면 될 것 같다.

네가 사람을 진정어린 마음으로 만나고 성심성의껏 잘 대한다는 것을 안다. 게다가 부전자전이란 말이 있던데, 음, 그래서 안심이다.

74

고수는 힘을 빼고 흐물흐물하다

사는 것이 아니라 살아낸다는 느낌이 들 때가 있다. 죽지 못해 사는 날도 있다. 그래도 힘을 내고 살거라. 오늘도 파이팅.

문득 어깨가 뻐근하고, 턱이 뻣뻣하며, 눈에서 열이 날 때 그때 떠올리거라. 아, 힘을 빼야겠구나. 힘 빼는 법을 터득하면 좋겠다. 몸의 힘을 빼고, 마음의 힘을 빼고, 평안하게 사는 법을 가능한 한 빨리 터득하기를 바란다. 고수들은 힘을 뺀다. 흐물흐물 유연하다.

75

그냥 그렇다고

아빠가 저녁 여덟 시 반에 할머니 보러 간 이유를 알겠다. "나는 안 그렇더라도 엄마는 날 보고 싶어 할 거야."라면서 할머니랑 연속극만 보고 오는 아빠가 얼마나 효자였는지 이제 알겠다. 그냥 그렇다고.

76

사소하고 하찮은
행동 하나를 바꾸어라

살다가 문득 답답하고, 정체된 것 같고, 안개 속에 갇힌 기분이 드는 때가 있다. 그런 때가 반드시, 게다가 여러 번 온다. 그럴 때는 작은 행동 하나를 바꾸거나 시도 하여라.

작은 호수에 돌멩이 하나 던졌을 뿐인데 호수 전체가 출렁인다. 나비의 날갯짓이 태풍을 만든다고 했다. 조바심 내지도 말고 서둘지도 말고 막막해하지도 말고 그냥 작은, 아주 사소한 행동 하나를 시작해라.

우선 청소를 하거라. 목욕을 해도 좋다. 동네 한 바퀴 돌기, 맛있는 음식 먹기, 일어나서 건강 체조하기, 거울 보고 웃기, 양말 바로 벗기, 식사 전에 10초간 감사기도 하기, 버스 기사에게 인사하기, 시 한 수 읽기, 물구나무서기, 로션 뚜껑 잘 닫기, 옷 제대로 걸어두기, 음악에 맞춰 춤추기, 휘파람 불기, 기부하기 등 뭐라도 좋다.

아주 사소한 것이어야 한다. 그 돌멩이가 물결을 넓혀갈 것이고, 그 날갯짓이 너를 날아오르게 할 것이다. 엄마를 믿어보렴.

77

택시 요금을 계산할 때 거스름돈이 있거든 그냥 두어라

택시요금을 신용카드로 계산하기도 하지만, 현금으로 계산할 때도 있다. 그럴 때 잔돈이 있거든 공손한 마음으로 그냥 두고 내리거라. 푼돈이어서가 아니다. 네게 푼돈이라면 기사님에게도 마찬가지다. 하지만 공손한 그 마음이 적은 돈으로 전해질 것이다.

잠깐 만나서 서로의 이익을 주고받는 것이 사회생활의 전부일 것이다. 그 사이에 작은 마음을 주고받는다면 세상이 춥지만은 않다는 것을 느끼게 될 것이다. 네가 따뜻하면 다른 사람도 따뜻하게 될 것이고, 다른 사람이 훈훈하면 너도 그 온기를 느끼게 될 것이다. 더불어 따뜻하게 살면 참 좋겠다.

78

배고플 때 장을 보지 마라

부디 배를 채우고 나서 장을 보거라. 부득이 장을 볼 때는 내가 배가 고프다는 것을 인식하고, 물건을 선택할 때마다 정신을 바짝 차려라. 살다 보면 그럴 때가 있다. 외로울 때 사람이 다가와 맴돌고, 돈이 필요할 때 사업 제안이 들어오고, 화풀이하고 싶을 때 누군가 시비를 걸고, 무너지고 싶을 때 술자리가 생긴다. 제정신이 아닌 상태에서 선택하는 것은 위험하다. 부디 정신을 차리고 조금만 버텨라.

79

엄마에게 용돈을 주거라

엄마에게 용돈을 보내거라. 아빠는 모르겠다. 수입이 생기거든 그렇게 하여라. 부담을 줄 생각은 없다. 만 원도 좋고 오천 원도 좋다. 엄마가 가난해서가 아니다. 너한테 의탁할 생각도 없다. 자식이 부모를 부양할 책임이 있는 것도 아니다. 단지 그렇게 하면 네 마음이 단단해지고 따뜻해지며 즐겁다. 사소한 어떤 것이 때로는 나를 지탱해 주고 위로해 주고 살아갈 힘이 되기도 하더라. 그냥 엄마의 경험이다. 순전히 엄마의 경험이니 무시해도 된다.

80

수처작주 입처개진
(隨處作主 立處皆眞)

엄마가 좋아하는 말 중 하나이다.

이 말을 기억하기를.

81

고맙다

나의 자식으로 와 주고
다정하게 엄마라고 불러 주어서,
너답게 살며
더 나아지려 하고
네 삶이 행복하다고 이야기해 줘서
고맙다.
엄마는
어떤 일이 있어도 항상
너를 사랑하고
네 편이란 걸 기억해다오.

그래도 못다 한 말

많겠지. 하지만 없기도 하다. 사실 이런 말이 무슨 소용이 있겠니? 그야말로 잔소리다. 너답게 살겠지. 네 삶은 네 것이니 잘 살아라. 또 네 삶은 우리 모두의 것이니 더욱 잘 살아라. 단지 엄마가 바라는 것은 건강한 음식 먹고, 안전한 곳에서 잘 자고, 좋은 사람과 어울리며, 좋은 일 하면서 더불어 살아가는 것, 그저 네가 행복하게 웃는 것이다.

추백

잔소리가 많았다. 미안하다. 너를 보내며 내가 평소에 했거나 하고 싶었던 말, 알아서 하려니 하고 생략했던 말, 네가 잘하고 있던 것까지 생각나는 대로 적어봤다.

잔소리가 쓸데없는 말이라지만, 사람은 잔소리로 사람이 되고 명언으로 영그는 것 같더라. 엄마는 명언을 남길만한 위인이 못되어 여전히 잔소리를 하지만, 네가 명언으로 몇 마디 챙겨주면 엄마가 덜 쑥스러울 것 같다. 이제 네 마음의 소리에 귀 기울이고, 너의 말을 하며 살아가려무나.

얘야, 사랑한다.

밤에 검은 옷을 입고
아스팔트 길에 누워있지 마라

초판1쇄 발행 2024년 2월 26일

지은이 이재숙
펴낸이 이길안
펴낸곳 세종출판사

주소 부산광역시 중구 흑교로 71번길 12 (보수동2가)
전화 051－463－5898, 253－2213~5
팩스 051－248－4880
전자우편 sjpl5898@daum.net
출판등록 제02-01-96

ISBN 979-11-5979-664-7 03810

정가 13,000원